Éva Harlé

Überraschungs-KUCHEN

30 einfache Rezepte, garantiert mit Wow-Effekt

Fotos von Stéphanie Bahic
Styling von Jésiel Maxan

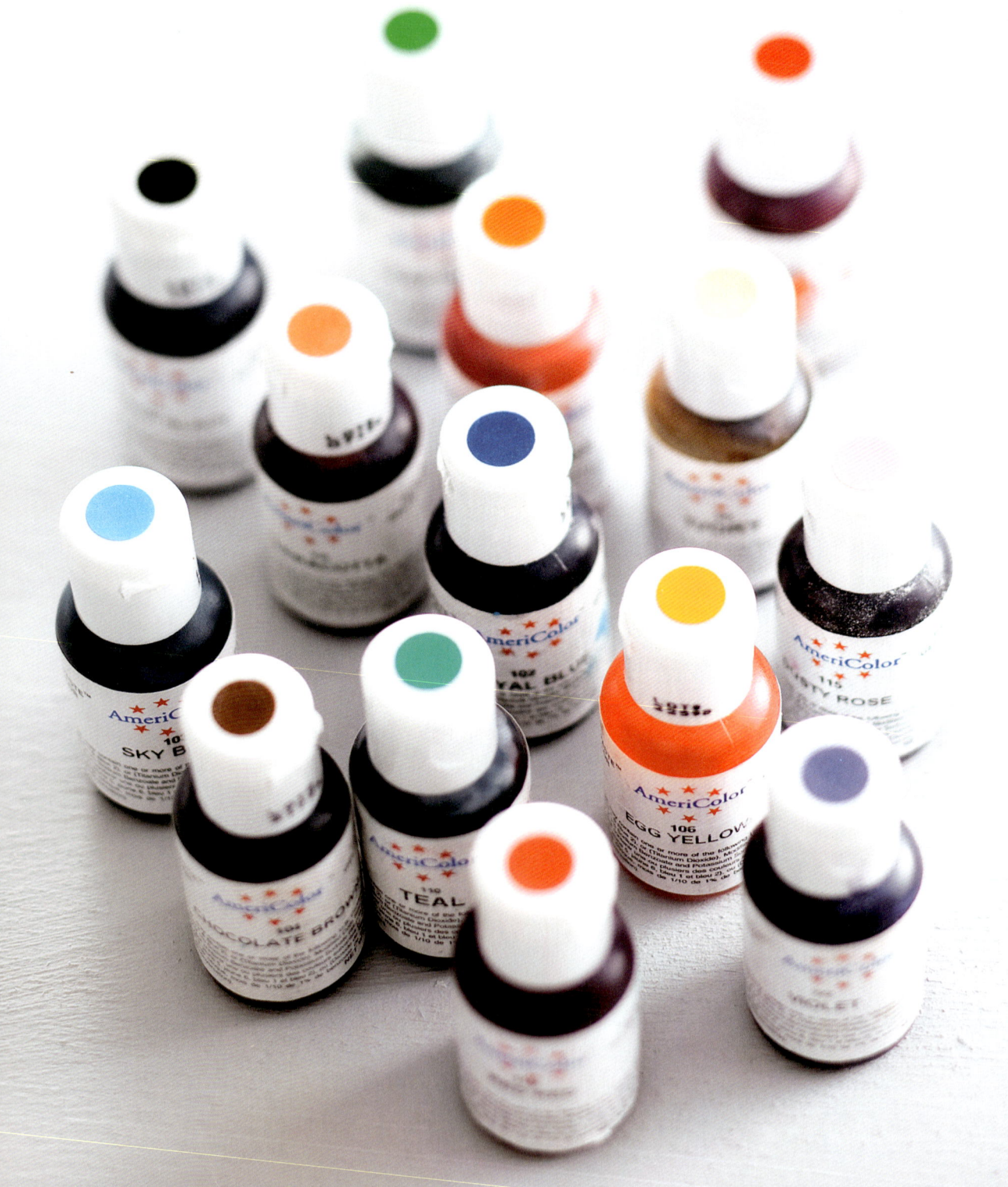

INHALT

Einführung 9

GRUNDREZEPTE 10

Joghurtkuchen 10
Schokoladenglasur 10
Himbeercoulis 12
Salzkaramellsauce 12

ÜBERRASCHUNGSTÖRTCHEN UND -MUFFINS...14

Schokotörtchen mit flüssigem Himbeerkern 14
Schokoladentörtchen mit flüssigem Kern 16
Überraschungsmuffins mit Erdbeeren 18
Bananenmuffins mit Nuss-Nugat-Kern 20
Muffins mit versteckten Herzen 22
Zitronenkuppeltörtchen mit flüssigem Himbeerkern 24
Schokoplätzchen mit Kokoskern 26
Muffins mit Keks-Überraschung 28
Schokoladenmousse mit Karamellkern 30
Regenbogenmuffins 32
Muffin-Pops 34
Schokoladenkuppeltörtchen mit Himbeeren 36

ÜBERRASCHUNGSKUCHEN UND -TORTEN 38

Regenbogentorte 38
Schachbretttorte klassisch 40
Schachbretttorte in Grün und Rosé 42
Marmorkuchen 44
Regenbogen-Marmorkuchen 46
Valentinskuchen 48
Schatztruhe 50
Kuchen mit Schokolinsen-Füllung 52
Sternenkuchen 54
Murmelkuchen 56
Crêpes-Schichttorte 58
Schwarz-Weiß-Kuchen 60
Glückskuchen 62
Konfettitorte 64
Überraschungstorte mit Herz 66
Kuchen mit Regenbogenherzen 68
Eisbombe mit flüssigem Karamellkern 70
Regenbogen-Biskuitrolle 72

EINFÜHRUNG

Kennen Sie Überraschungskuchen? Das sind Kuchen mit Wow-Effekt! Beim Anschneiden offenbart sich die süße Überraschung: Im Kucheninneren steckt ein flüssiger Kern, ein tolles Muster oder sogar Süßigkeiten.

In diesem Buch finden Sie viele einfache und schnelle Rezepte sowie etwas aufwendigere Kreationen für besondere Anlässe. Viel Spaß beim Staunen und Nachbacken!

TIPPS

Bei allen Rezepten gilt es, die ein oder andere Kleinigkeit zu beachten:

Grundlage für viele Kuchen ist der einfache, schnelle Joghurtkuchen von Seite 10. Sie können ihn auch durch einen Biskuit ersetzen, der leichter, aber weniger aromatisch ist. Für ein perfektes Ergebnis sollte der Kuchen vor dem Anschneiden vollständig erkaltet sein.

Kuchenreste, die sich bei der Verwendung von Ausstechformen ergeben, sollten Sie aufbewahren. Sie können sie mit etwas Sahne, Mascarpone oder einem Nuss-Nugat-Aufstrich vermengen, zu Kugeln formen und als Cakepops servieren.

Wenn für einen Überraschungskuchen Motive mit einer Ausstechform aus dem Teig ausgestochen werden sollen, vergewissern Sie sich vorher, dass die Ausstechform nicht höher ist als die Backform. Denn wenn das ausgestochene Motiv höher ist als die Form, kann es nicht vollständig mit Kuchenteig bedeckt werden und der Effekt wäre zunichte gemacht.

Soll ein Kuchenteig mit Lebensmittelfarben eingefärbt werden, sind gelförmige Farben flüssigen vorzuziehen, da sie farbintensiver sind. Generell rate ich von Speisefarben in Pulverform ab, weil sie sich nicht unbedingt gut mit Teigen mischen lassen.

Bei kleinen Portionskuchen sollten die Förmchen vorher sorgfältig eingefettet werden, damit die Kuchen problemlos herausgelöst werden können.

JOGHURTKUCHEN

Ergibt 12–15 Stücke • Vorbereitung: 15 Min. • Garzeit: 40 Min. • Schwierigkeitsgrad: einfach • Kosten: günstig

Die Zutaten

Joghurt (Becher à 150 g;
Becher dient als Messbecher) 1
Eier 3
Zucker ....2 Becher
neutrales Öl..½ Becher
Milch... 2 EL
Weizenmehl ....3 Becher
Backpulver .... ½ Päckchen
Salz ....1 Prise
Puderzucker (zum Garnieren)

Tipps

Die Backzeit variiert je nach verwendeter Backform. Je
größer die Form, desto kürzer ist die Backzeit. Der Teig
kann nach Belieben mit Orangenblütenwasser,
Vanillearoma, ein paar Tropfen Rum oder Ähnlichem
aromatisiert werden.

Das Rezept

1. Den Backofen auf 180 °C (Ober- und Unterhitze) vorheizen. Eine Kastenform einfetten und mit Mehl ausstäuben.

2. Die Eier trennen. Eigelbe und Zucker in einer Schüssel schaumig rühren. Joghurt, Öl und Milch einarbeiten. Mehl und Backpulver zufügen und rühren, bis ein glatter Teig entstanden ist.

3. Die Eiweiße mit dem Salz steif schlagen und unter den Teig heben.

4. Den Teig in die vorbereitete Form füllen und 40 Minuten im vorgeheizten Ofen backen. Zur Probe einen Holzspieß in die Teigmitte stechen; er sollte trocken wieder herauskommen.

5. Den Kuchen in der Form abkühlen lassen, dann auf ein Kuchengitter stürzen und erkalten lassen.

SCHOKOLADENGLASUR

Vorbereitung: 10 Min. • Garzeit: 5 Min. • Schwierigkeitsgrad: einfach • Kosten: günstig

Das Rezept

1. Die Schokolade hacken und in eine hitzebeständige Schüssel geben.

2. Die Sahne zum Kochen bringen und sofort über die Schokolade gießen. Die Schokolade einige Minuten schmelzen lassen. Dann rühren, bis eine glatte Masse entstanden ist. Die Butter würfeln und einarbeiten, bis die Glasur glatt und glänzend ist.

Die Zutaten

Schokolade (mind. 55 % Kakaoanteil) .... 200 g
Schlagsahne ....200 g
Butter ....20 g

3. Den Kuchen mit der noch lauwarmen Glasur überziehen, beim Erkalten wird sie fest.

HIMBEERCOULIS

Für 1 Glas • Vorbereitung: 10 Min. • Garzeit: 2 Min. • Schwierigkeitsgrad: sehr einfach • Kosten: günstig

Die Zutaten

Wasser ....200 ml
Zucker ....150 g
Himbeeren ....450 g
Zitronensaft .... 1 EL

Tipp

Füllen Sie die Coulis in eine Eiswürfelform (für kleine Eiswürfel). Die gefrorenen Würfel lassen sich praktisch in Portionen entnehmen und für einen flüssigen Kern verwenden.

Das Rezept

1. Wasser und Zucker 2 Minuten in einem Topf kochen.

2. Die Himbeeren mit dem Zitronensaft in eine hitzebeständige Schüssel geben und den Sirup darübergießen. Die Himbeeren pürieren und durch ein feines Sieb in eine zweite Schüssel passieren, um die Kerne zu entfernen.

SALZKARAMELLSAUCE

Für 1 kleines Glas • Vorbereitung: 15 Min. • Garzeit: 10 Min. • Schwierigkeitsgrad: einfach • Kosten: günstig

Die Zutaten

Zucker ....120 g
Wasser .... 1 EL
Schlagsahne ....150 g
Butter ....15 g
Fleur de sel ....1 Prise

Tipp

Gut verschlossen hält sich die Karamellsauce mehrere Tage im Kühlschrank.

Das Rezept

1. Zucker und Wasser in einen Topf geben und ohne Rühren erhitzen, bis der Zucker vollständig geschmolzen und ein Sirup entstanden ist.

2. Parallel die Sahne in einem Topf zum Kochen bringen. Sobald der Sirup goldgelb bis hellbraun ist, den Topf vom Herd nehmen und die Sahne in einem dünnen Strahl unter kräftigem Rühren zugießen. Die Butter in kleinen Stücken einarbeiten. Das Salz unterrühren. Falls die Sauce zu stark eindickt, bei niedriger Hitze wieder auf den Herd setzen.

3. Die Sauce sollte die Konsistenz von Honig haben. In ein großes Schraubglas abfüllen und erkalten lassen.

SCHOKOTÖRTCHEN

MIT FLÜSSIGEM HIMBEERKERN

Ergibt 6 Törtchen • Vorbereitung: 15 Min. • Gefrierzeit: 4 Std. • Garzeit: 12 Min. • Schwierigkeitsgrad: einfach • Kosten: günstig

Die Zutaten

Himbeercoulis .... 150 ml
Zartbitterschokolade .... 125 g
Butter .... 90 g
Eier 3
Zucker .... 40 g
Weizenmehl .... 50 g

Tipp

Die Törtchen schmecken lauwarm am besten.

Das Rezept

1. Die Himbeercoulis wie auf Seite 12 beschrieben zubereiten. Wenn die Sauce erkaltet ist, in eine Eiswürfelform füllen und im Gefrierfach mindestens 4 Stunden fest werden lassen.

2. Den Backofen auf 210 °C (Ober- und Unterhitze) vorheizen. Sechs kleine Souffléförmchen sorgfältig einfetten.

3. Schokolade und Butter in Stücke schneiden und in einen kleinen Topf geben. Auf niedrigster Stufe erhitzen und schmelzen. Alternativ Schokolade und Butter im Wasserbad schmelzen.

4. Eier und Zucker in einer Schüssel hell und schaumig schlagen. Die geschmolzene Schokolade unterrühren. Dann das Mehl einarbeiten.

5. Den Teig in die vorbereiteten Förmchen füllen. Sechs Himbeercoulis-Würfel aus der Eiswürfelform lösen und je einen in ein Förmchen in den Teig drücken, sodass sie nicht mehr zu sehen sind.

6. Die Törtchen im vorgeheizten Ofen etwa 12 Minuten backen. Außen sollte der Teig gebacken und fest sein.

7. Die Törtchen etwa 5 Minuten abkühlen lassen, dann auf Teller stürzen.

SCHOKOLADENTÖRTCHEN MIT FLÜSSIGEM KERN

Ergibt 6 Törtchen • Vorbereitung: 15 Min. • Garzeit: 6–8 Min. • Schwierigkeitsgrad: einfach • Kosten: günstig

Die Zutaten

Zartbitterschokolade ....125 g
Butter ....90 g
Eier 3
Zucker ....40 g
Weizenmehl ....50 g

Tipp

Die Törtchen schmecken besser, solange sie noch lauwarm sind, da sie dann in der Mitte noch flüssig sind.

Das Rezept

1. Den Backofen auf 210 °C (Ober- und Unterhitze) vorheizen. Sechs kleine Souffléförmchen sorgfältig einfetten.

2. Schokolade und Butter in Stücke schneiden und in einen kleinen Topf geben. Auf niedrigster Stufe erhitzen und schmelzen. Alternativ Schokolade und Butter im Wasserbad schmelzen.

3. Eier und Zucker in einer Schüssel hell und schaumig schlagen. Die flüssige Schokolade unterrühren. Dann das Mehl einarbeiten.

4. Den Teig in die vorbereiteten Förmchen füllen und im vorgeheizten Ofen 6–8 Minuten backen. Die Törtchen sollten außen gebacken und fest sein, in der Mitte aber noch flüssig.

5. Die Törtchen 5 Minuten abkühlen lassen, dann auf Teller stürzen.

ÜBERRASCHUNGSMUFFINS MIT ERDBEEREN

Ergibt 9 Muffins • Vorbereitung: 15 Min. • Garzeit: 20–25 Min. • Schwierigkeitsgrad: einfach • Kosten: günstig

Die Zutaten

Für den Teig

Weizenmehl	200 g
Zucker	100 g
Backpulver	½ Päckchen
Eier	2
zerlassene Butter	80 g
Milch	100 ml
große Erdbeeren	9

Für die Streusel

kalte Butter	30 g
Zucker	30 g
gemahlene Mandeln	20 g
Weizenmehl	50 g

Tipp

Verwenden Sie möglichst hohe Papierbackförmchen, damit sich die Muffins leichter aus der Muffinform lösen lassen.

Das Rezept

1. Den Backofen auf 180 °C (Ober- und Unterhitze) vorheizen. Neun Vertiefungen einer Muffinform mit Papierbackförmchen auskleiden.

2. Für den Teig Mehl, Zucker und Backpulver in einer Schüssel mischen. Eine Vertiefung hineindrücken, die Eier hineingeben und mit den Trockenzutaten verrühren. Butter und Milch einarbeiten, bis ein glatter Teig entstanden ist.

3. Für die Streusel Butter, Zucker, Mandeln und Mehl in einer Schüssel mit den Fingern feinkrümelig verreiben.

4. Den Teig in die Backförmchen füllen und je eine Erdbeere hineindrücken. Die Erdbeeren sollten ganz mit Teig bedeckt sein. Die Streusel auf dem Teig verteilen.

5. Im vorgeheizten Ofen 20–25 Minuten goldbraun backen. Auf einem Kuchengitter erkalten lassen.

BANANENMUFFINS MIT NUSS-NUGAT-KERN

Ergibt 8 Muffins • Vorbereitung: 15 Min. • Garzeit: 20–25 Min. • Schwierigkeitsgrad: einfach • Kosten: günstig

Die Zutaten

Eier 3
Zucker .... 110 g
zerlassene Butter.......................................70 g
reife Banane 1
Weizenmehl .... 180 g
Backpulver...1 TL
Nuss-Nugat-Creme....................................8 TL

Das Rezept

1. Den Backofen auf 180 °C (Ober- und Unterhitze) vorheizen. Acht Vertiefungen einer Muffinform mit Papierbackförmchen auskleiden.

2. Die Eier trennen. Eigelbe und Zucker in einer Schüssel hell und cremig schlagen. Die Butter unterrühren.

3. Die Banane mit einer Gabel zerdrücken und unter die Ei-Zucker-Masse rühren.

4. Mehl und Backpulver einarbeiten und rühren, bis ein glatter Teig entstanden ist.

5. Die Eiweiße steif schlagen und mit einem Teigschaber unter den Teig heben.

6. Den Teig in die Förmchen füllen. Je 1 Teelöffel Nuss-Nugat-Creme in die Mitte setzen. Etwas Teig darüberlöffeln, damit die Creme bedeckt ist.

7. Im vorgeheizten Ofen 20–25 Minuten backen, bis die Muffins schön aufgegangen und goldgelb sind. Vor dem Servieren lauwarm abkühlen lassen.

MUFFINS

MIT VERSTECKTEN HERZEN

Ergibt 3 große Muffins • Vorbereitung: 30 Min. • Garzeit: 25 Min. + 20 Min.
Schwierigkeitsgrad: einfach • Kosten: günstig

Die Zutaten

weiche Butter ....100 g
Zucker ....100 g
Ei...1
Weizenmehl ....100 g
Backpulver ....1 TL
Milch .... 3 EL
rote Lebensmittelfarbe......................... 3 Tropfen
Vanilleextrakt................................... 3 Tropfen

Tipps

· Verwenden Sie relativ hohe Muffinformen.
· Merken Sie sich, in welcher Richtung Sie die Herzen in die Form gesetzt haben. Sonst ergeben sich im Anschnitt eher zwei kleine Flügel statt eines Herzens. Dazu können Sie die Backförmchen entsprechend markieren. So wissen Sie, wie der gebackene Muffin angeschnitten werden muss.
· Lassen Sie die Muffins im Ofen nicht aus den Augen. Die Herzen können beim Backen nach oben steigen. Drücken Sie sie dann mit einem Teigschaber vorsichtig wieder nach unten.
· Noch besser schmecken diese Muffins mit einer Schokoladenglasur und mit kleinen Zuckerdekorherzen bestreut.

Das Rezept

1. Den Backofen auf 180 °C (Ober- und Unterhitze) vorheizen und insgesamt sechs Muffinformen einfetten oder mit Papierbackförmchen auskleiden.

2. Butter und Zucker in einer Schüssel hell und schaumig rühren. Nacheinander Ei, Mehl und Backpulver einarbeiten. Die Milch zugießen und rühren, bis ein glatter Teig entstanden ist.

3. Zwei Drittel des Teigs in eine zweite Schüssel füllen und mit der Lebensmittelfarbe rosa einfärben.

4. Den Vanilleextrakt unter den ungefärbten Teig rühren.

5. Den rosa Teig in drei große Muffinformen füllen und im vorgeheizten Ofen 25 Minuten backen. Auf einem Kuchengitter erkalten lassen. Den Ofen nicht ausschalten.

6. Mit einer Ausstechform je ein großes Herz aus den rosa Muffins ausstechen. Um die Arbeit zu erleichtern, den Muffin halbieren und die Herzen aus den Hälften ausstechen.

7. Drei frische Muffinformen mit der Hälfte des hellen Muffinteigs befüllen. Die Herzen (oder je zwei Herzhälften mit etwas Teig aneinandergeklebt) hineinsetzen. Den restlichen Teig darauf verteilen, sodass die Herzen vollständig damit bedeckt sind. Im heißen Ofen 20 Minuten goldbraun backen.

ZITRONENKUPPELTÖRTCHEN

MIT FLÜSSIGEM HIMBEERKERN

Ergibt 4 Törtchen • Vorbereitung: 30 Min. • Garzeit: 10 Min. • Kühlzeit: 4 Std.
Schwierigkeitsgrad: einfach • Kosten: günstig

Das Rezept

1. Für das Lemon Curd Eier und Zucker in einem Schlagkessel schaumig rühren. Zitronensaft und -abrieb unterrühren.

2. Den Schlagkessel auf einen Topf mit etwas Wasser setzen und die Masse über dem Wasserbad sanft erhitzen. Sie sollte nach etwa 10 Minuten Rühren eindicken. Dann die Butter in Stückchen einarbeiten.

3. Das Lemon Curd in ein Schraubglas füllen und gut verschließen. Er hält sich einige Tage im Kühlschrank.

4. Für die Mousse die Gelatineblätter 10 Minuten in kaltem Wasser einweichen.

5. Das Lemon Curd in einem kleinen Topf erhitzen. Die Gelatineblätter ausdrücken und einzeln sorgfältig in das heiße Lemon Curd rühren. Erkalten lassen.

6. Die Sahne steif schlagen und vorsichtig unter das erkaltete Lemon Curd heben.

7. Die Mousse in Kuppelförmchen aus Silikon füllen. Je einen Himbeercoulis-Würfel hineindrücken und die Oberfläche glatt streichen, sodass der Himbeerwürfel nicht mehr zu sehen ist.

Die Zutaten

Für das Lemon Curd

Eier 2
Zucker ....70 g
Zitronensaft (1 große Zitrone) ....50 ml
Abrieb von 1 Zitrone
Butter ....40 g

Für die Lemon-Curd-Mousse

Gelatine ....2 Blätter
Lemon Curd...60 g
kalte Konditorsahne (35 % Fett)................100 g
Himbeercoulis (siehe S. 12 + Tipp).........4 Würfel
+ 2 Würfel zum Garnieren

Tipp

Damit die Kuppeln sich gut aus der Form lösen lassen, stellen Sie sie vor dem Servieren etwa 30 Minuten ins Gefrierfach.

8. Die Kuppeln etwa 4 Stunden im Kühlschrank fest werden lassen. Vorsichtig auf Teller stürzen und mit etwas Himbeercoulis garniert servieren.

SCHOKOPLÄTZCHEN MIT KOKOSKERN

Ergibt 8 Plätzchen • Vorbereitung: 20 Min. • Garzeit: 15 Min. • Schwierigkeitsgrad: einfach • Kosten: günstig

Die Zutaten

Für den Teig

weiche Butter	100 g
Puderzucker	100 g
Ei	1
Kakaopulver	4 EL
Weizenmehl	200 g
Backpulver	1 TL

Für die Kokosfüllung

Eiweiß	1
Kokosraspel	70 g
Zucker	50 g
Kokosmilch	3 EL

Das Rezept

1. Für den Teig Butter und Puderzucker in einer Schüssel cremig rühren. Ei, Kakao, Mehl und Back-pulver mit einem Holzlöffel einarbeiten, dann den Teig von Hand kurz kneten und zu einer Kugel formen. In Frischhaltefolie eingeschlagen im Kühl-schrank ruhen lassen, solange die Füllung zuberei-tet wird.

2. Den Backofen auf 180 °C (Ober- und Unterhit-ze) vorheizen. Für die Füllung Eiweiß, Kokosraspel, Zucker und Kokosmilch in einer Schüssel glatt rühren. Dabei darf das Eiweiß nicht steif gerührt werden. Die Masse von Hand zu acht haselnuss-großen Kugeln formen.

3. Ein Backblech mit Backpapier auslegen.

4. Den Schokoladenteig in acht Portionen teilen und zwischen den Handflächen flach drücken. Eine Kokoskugel in die Mitte daraufsetzen. Den Teig drumherum verschließen und vorsichtig leicht flach drücken.

5. Die Plätzchen mit der Naht nach unten auf das Blech legen und im vorgeheizten Ofen 15 Minu-ten backen.

6. Die Plätzchen auf einem Kuchengitter erkalten lassen.

MUFFINS MIT KEKS-ÜBERRASCHUNG

Ergibt 8 Muffins • Vorbereitung: 20 Min. • Garzeit: 20 Min. • Schwierigkeitsgrad: einfach • Kosten: günstig

Die Zutaten

Ei 1
Zucker ....80 g
Zartbitterschokolade..............................100 g
Butter ....120 g
Weizenmehl ....100 g
Backpulver...1 TL
Milch..50 ml
Kekse (z. B. Oreos, große oder kleine,
je nach Muffinform) 8

Das Rezept

1. Den Backofen auf 180 °C (Ober- und Unterhitze) vorheizen. Acht Vertiefungen einer Muffinform mit Backpapierförmchen auskleiden.

2. Ei und Zucker in einer Schüssel rühren, bis die Masse hell wird und ihr Volumen sich verdoppelt hat.

3. Schokolade und Butter in Stücke schneiden und in einen kleinen Topf geben. Auf niedrigster Stufe erhitzen und schmelzen. Alternativ Schokolade und Butter im Wasserbad schmelzen. Sofort unter die Eimasse rühren. Mehl und Backpulver einarbeiten. Die Milch zugießen und rühren, bis ein glatter Teig entstanden ist.

4. Je einen Keks in die Förmchen legen und den Teig darübergießen.

5. Im vorgeheizten Ofen 20 Minuten backen, bis die Muffins schön aufgegangen sind. Auf einem Kuchengitter erkalten lassen.

SCHOKOLADENMOUSSE
MIT KARAMELLKERN

Ergibt 4 Kuppeln • Vorbereitung: 20 Min. • Gefrierzeit: 2 Std. • Schwierigkeitsgrad: einfach • Kosten: günstig

Die Zutaten

Zartbitter-Kuvertüre (55 % Kakaoanteil) .....150 g
Milch...50 ml
Eier 2
Salzkaramellsauce (siehe S. 12)...................4 EL

Tipp

Durch die Tiefkühlung lassen sich die Kuppeln leichter aus der Form lösen und haben einen besseren Stand auf dem Teller. Die Kuppeln halten sich bis zum nächsten Tag im Kühlschrank.

Das Rezept

1. Die Kuvertüre grob hacken und mit der Milch in einen kleinen Topf geben. Auf niedrigster Stufe erhitzen und schmelzen. Den Topf sofort vom Herd nehmen. Die Eier trennen und die Eigelbe in die Kuvertüre rühren.

2. Die Eiweiße steif schlagen und unter die Schokoladenmasse heben.

3. Kuppelförmchen aus Silikon zur Hälfte mit der Mousse füllen. Je 1 Esslöffel Karamellsauce in die Mitte geben und mit der restlichen Mousse bedecken. Die Kuppeln 2 Stunden tiefkühlen.

4. Die Kuppeln auf Teller stürzen und bis zum Servieren im Kühlschrank aufbewahren. Mit etwas Karamellsauce garniert servieren.

REGENBOGENMUFFINS

Ergibt 6–8 Muffins • Vorbereitung: 25 Min. • Garzeit: 20 Min. • Schwierigkeitsgrad: einfach • Kosten: günstig

Die Zutaten

weiche Butter ....125 g
Zucker ....125 g
Eier ....2 kleine
Weizenmehl ....200 g
Milch..50 ml
Vanillearoma..1 TL
Lebensmittelfarben in Rot, Blau, Gelb, Grün

Varianten

Für einen noch größeren Überraschungseffekt können
Sie die Muffins mit der Schokoladenglasur von Seite 12
oder mit Schlagsahne überziehen.

Das Rezept

1. Den Backofen auf 180 °C (Ober- und Unterhitze) vorheizen. Sechs bis acht Vertiefungen einer Muffinform mit Papierbackförmchen auskleiden.

2. Butter und Zucker in einer Schüssel hell und schaumig schlagen. Eier, Mehl, Milch und Vanillearoma unterrühren, bis ein glatter Teig entstanden ist.

3. Den Teig auf sechs Schalen aufteilen und jede Portion mit ein paar Tropfen Lebensmittelfarbe Rot, Orange (gelbe und rote Farbe), Gelb, Grün, Blau und Violett (rote und blaue Farbe) einfärben.

4. Den Teig in löffelgroßen Portionen in folgender Reihenfolge in die Förmchen schichten: violett, blau, grün, gelb, orange und zuletzt rot.

5. Im vorgeheizten Ofen 20 Minuten backen, bis die Muffins schön aufgegangen sind. Auf einem Kuchengitter erkalten lassen.

MUFFIN-POPS

Ergibt 12 Muffins • Vorbereitung: 25 Min. • Garzeit: 12 Min. + 20–25 Min. • Schwierigkeitsgrad: einfach • Kosten: günstig

Die Zutaten

Eier 3
Zucker ....2 Becher
Joghurt (Becher à 150 g;
Becher dient als Messbecher) 1
neutrales Öl..................................1 Becher
Milch... 2 EL
Weizenmehl ....3 Becher
Backpulver.....................................½ Päckchen
Salz ....1 Prise
rote Lebensmittelfarbe

Tipps

· Für dieses Rezept ist eine Cake-Pop-Form erforderlich.
· Lassen Sie die Muffins im Ofen nicht aus den Augen.
Die Kugeln können beim Backen nach oben steigen.
Drücken Sie sie dann mit einem Teigschaber
vorsichtig wieder nach unten.

Varianten

Der ungefärbte Teig kann mit Orangenblütenwasser,
Vanillearoma oder einem Schuss Rum
aromatisiert werden.

Das Rezept

1. Den Backofen auf 180 °C (Ober- und Unterhitze) vorheizen. Eine 12er-Cake-Pop-Form vorbereiten. Eine 12er-Muffinform mit Papierbackförmchen auskleiden.

2. Die Eier trennen. Eigelbe und Zucker in einer Schüssel schaumig rühren. Joghurt, Öl und Milch einarbeiten. Mehl und Backpulver zufügen und rühren, bis ein glatter Teig entstanden ist.

3. Die Eiweiße mit dem Salz steif schlagen und unter den Teig heben.

4. Ein Viertel des Teiges in eine Schüssel füllen und mit einigen Tropfen Lebensmittefarbe rot einfärben. In die Cake-Pop-Form füllen (es werden 12 Kugeln benötigt).

5. Im vorgeheizten Ofen je nach Größe 12–15 Minuten backen. Erkalten lassen.

6. Je eine Teigkugel in die Papierbackförmchen geben und mit dem restlichen, ungefärbten Teig bedecken.

7. Im vorgeheizten Ofen 20–25 Minuten backen, bis die Muffins schön aufgegangen und goldbraun sind. Auf einem Kuchengitter erkalten lassen.

SCHOKOLADENKUPPEL-TÖRTCHEN

MIT HIMBEEREN

Ergibt 4 Törtchen • Vorbereitung: 15 Min. • Kühlzeit: 10 Min. + 10 Min. + 2 Std.
Schwierigkeitsgrad: mittel • Kosten: günstig

Das Rezept

1. Für die Schokoladenschalen die Schokolade in Stücke brechen und in eine Edelstahl- oder Glasschüssel geben. Auf einen Topf mit siedendem (nicht kochendem) Wasser setzen und die Schokolade ohne Rühren über dem Wasserbad schmelzen. Erst wenn sie vollständig geschmolzen ist, glatt rühren.

2. Vier Kuppelformen aus Silikon mit einer Schicht Schokolade auskleiden und 10 Minuten im Kühlschrank fest werden lassen. Eine zweite Schicht auftragen. Dadurch bricht die Schokolade beim Herauslösen nicht. Die Schokoladenschalen erneut 10 Minuten im Kühlschrank kühlen.

3. Für die Mousse Schokolade in Stücke schneiden und in einen kleinen Topf geben. Mit der Milch auf niedrigster Stufe erhitzen und schmelzen. Den Topf vom Herd nehmen. Die Eier trennen und die Eigelbe mit einem Teigschaber unter die Schokolade rühren.

Die Zutaten

Für die Schokoladenschalen

Zartbitterschokolade
(mind. 55 % Kakaoanteil) .... 100 g

Für die Schokoladenmousse

Zartbitter-Kuvertüre (55 % Kakaoanteil) ...... 150 g
Milch .... 50 ml
Eier 2
frische Himbeeren 8
Himbeercoulis (siehe S. 12 + Tipp)

4. Die Eiweiße steif schlagen und unter die Schokoladenmasse heben.

5. Die Mousse in die Schokoladenschalen füllen, jeweils 2 Himbeeren hineindrücken und 2 Stunden im Kühlschrank fest werden lassen.

6. Die Kuppeln vorsichtig auf Teller stürzen.

REGENBOGENTORTE

Für 15 Personen • Vorbereitung: 2,5 Std. • Garzeit: 6 x 12 Min.
Kühlzeit: mindestens 4 Std. • Schwierigkeitsgrad: mittel • Kosten: günstig

Das Rezept

1. Den Backofen auf 180 °C (Ober- und Unterhitze) vorheizen. Eine oder mehrere Backformen (20 oder 22 cm Durchmesser) einfetten und mit Mehl ausstäuben. (Wenn nur eine Form vorhanden ist, muss diese mehrmals verwendet werden.)

2. Für den Teig Butter und Zucker in einer Schüssel cremig rühren. Die Eier einzeln sorgfältig einarbeiten. Mehl und Backpulver abwechselnd mit der Milch zugeben und rühren, bis ein glatter Teig entstanden ist. Das Vanillearoma unterrühren.

3. Den Teig auf sechs Schalen aufteilen und jede Portion mit 1–2 Tropfen Lebensmittelfarbe Rot, Orange (gelbe und rote Farbe), Gelb, Grün, Blau und Violett (rote und blaue Farbe) einfärben.

4. Die Teigportionen in die Form(en) füllen und glatt streichen. Im vorgeheizten Ofen 10–12 Minuten goldgelb backen. Auf ein mit Backpapier belegtes Kuchengitter stürzen. Die Form(en) erneut einfetten, mit Mehl ausstäuben und die restlichen Teigportionen ebenso backen.

5. Sobald die ersten Teigböden gebacken sind, für die Creme den Mascarpone in einer Schüssel cremig rühren. Den Puderzucker einarbeiten.

6. Die Sahne steif schlagen und in mehreren Portionen unter den Mascarpone ziehen. Das Vanillearoma unterrühren und die Creme kalt stellen.

7. Den violetten Teigboden auf eine Tortenplatte setzen. Einen gehäuften Esslöffel Creme daraufgeben und 3–4 mm dick auf der Oberfläche verstreichen. Mit den restlichen Teigböden ebenso

Die Zutaten

Für den Teig

weiche Butter	220 g
Zucker	300 g
Eier	5
Weizenmehl	430 g
Backpulver	1 Päckchen
Milch	350 ml
Vanillearoma	1 TL

Lebensmittelfarben in Violett, Blau, Grün, Gelb, Orange und Rot (Violett und Orange können selbst gemischt werden, siehe Rezept und S. 32)

Für die Creme

Mascarpone	350 g
Puderzucker	120 g
kalte Schlagsahne	450 g
Vanillearoma	1 EL

Für die Garnierung

Schokolinsen (z. B. Smarties)

verfahren und in der Reihenfolge Blau, Grün, Gelb, Orange und Rot auf den violetten Teigboden setzen.

8. Den Rand der Torte begradigen und die Torte mindestens 4 Stunden im Kühlschrank ruhen lassen. Die restliche Creme ebenfalls kalt stellen.

9. Die Creme nochmals glatt rühren und die Torte damit bestreichen, um die Schichten zu verdecken.

10. Mit Schokolinsen garnieren und nochmals im Kühlschrank ruhen lassen.

SCHACHBRETTTORTE
KLASSISCH

Für 8 Personen • Vorbereitung: 50 Min. • Garzeit: 40 Min. • Kühlzeit: 1 Std.
Schwierigkeitsgrad: einfach • Kosten: günstig

Die
Zutaten

Das
Rezept

---

1. Den Backofen auf 180 °C (Ober- und Unterhitze) vorheizen. Zwei Backformen (20 oder 22 cm Durchmesser) einfetten und mit Mehl ausstäuben.

2. Für den hellen Teig Eier und Zucker in einer Schüssel hell und cremig schlagen. Butter und Vanillearoma unterrühren. Mehl und Backpulver einarbeiten.

3. Den Teig in die vorbereitete Backform füllen und im vorgeheizten Ofen 20 Minuten goldgelb backen. Zur Probe einen Holzspieß in die Teigmitte stechen; er sollte trocken wieder herauskommen.

4. Für den dunklen Teig Eier und Zucker in einer Schüssel hell und cremig schlagen. Die Butter unterrühren. Mehl, Backpulver und Kakaopulver einarbeiten.

5. Den Teig in die zweite Backform füllen und im vorgeheizten Ofen ebenfalls 20 Minuten backen.

6. Die beiden Teigböden erkalten lassen, dann etwa 1 Stunde in den Kühlschrank stellen.

7. Beide Teigböden auf dieselbe Weise in je 2 Ringe unterschiedlicher Größe und 1 Scheibe schneiden. Zuerst mit einer Schüssel einen Außenrand markieren, dann mit einem Glas den Mittelring und die innere Scheibe markieren. Alles zurechtschneiden.

8. Zum Zusammensetzen des Kuchens den äußeren dunklen Teigring auf eine Tortenplatte setzen. Den inneren Rand dünn mit Nuss-Nugat-Creme bestreichen. Den mittleren hellen Teigring hineinsetzen und die Innenseite ebenfalls mit Nuss-Nugat-

Für den hellen Teig

Eier	2
Zucker	130 g
zerlassene Butter	130 g
Vanillearoma	1 TL
Weizenmehl	130 g
Backpulver	½ Päckchen

Für den dunklen Teig

Eier	2
Zucker	130 g
zerlassene Butter	130 g
Weizenmehl	100 g
Backpulver	½ Päckchen
Kakaopulver	30 g

Zum Fertigstellen

Nuss-Nugat-Creme	1 Glas (ca. 400 g)
Schokoladenglasur (siehe S. 10)	

Creme bestreichen. Die kleine dunkle Teigscheibe hineinsetzen. Die Oberfläche dünn mit Nuss-Nugat-Creme bestreichen. Nun den äußeren hellen Teigring daraufsetzen. Den inneren Rand bestreichen, den mittleren dunklen Teigring einsetzen, die Innenseite bestreichen und die kleine helle Teigscheibe in die Mitte setzen.

9. Die Schokoladenglasur wie auf Seite 10 beschrieben zubereiten und etwas abkühlen lassen.

10. Die Torte mit der Glasur bestreichen und fest werden lassen.

Tipps

· Die beiden Teigböden sollten in Höhe wie Breite möglichst gleich groß sein. Wenn sich die Oberfläche beim Backen gewölbt hat, sollte sie mit einem großen Messer begradigt werden.
· Wenn die Nuss-Nugat-Creme schwer zu verstreichen ist, kann sie vorher kurz in der Mikrowelle erhitzt werden, damit sie streichfähig wird.

SCHACHBRETTTORTE

IN GRÜN UND ROSÉ

Für 8 Personen • Vorbereitung: 55 Min. • Garzeit: 40 Min. • Kühlzeit: 1 Std.
Schwierigkeitsgrad: einfach • Kosten: günstig

Das Rezept

1. Den Backofen auf 180 °C (Ober- und Unterhitze) vorheizen. Drei Backformen (20 oder 22 cm Durchmesser) einfetten und mit Mehl ausstäuben. (Falls nur eine Backform vorhanden ist, den Teig nacheinander backen.)

2. Für den grünen Teig Eier und Zucker in einer Schüssel hell und cremig schlagen. Butter und Pistaziencreme sorgfältig unterrühren. Mehl und Backpulver einarbeiten. Die grüne Lebensmittelfarbe zugeben und rühren, bis ein glatter Teig entstanden ist.

3. Den Teig in eine vorbereitete Backform füllen und im vorgeheizten Ofen 20 Minuten backen. Zur Probe einen Holzspieß in die Teigmitte stechen; er sollte trocken wieder herauskommen.

4. Für den rosa Teig Eier und Zucker in einer Schüssel hell und cremig schlagen. Die Butter unterrühren. Mehl und Backpulver einarbeiten. Die rote Lebensmittelfarbe zugeben und rühren, bis ein glatter Teig entstanden ist.

5. Den Teig in die zweite Form füllen und im vorgeheizten Ofen 20 Minuten backen.

6. Den hellen Teig wie oben beschrieben, aber ohne Lebensmittelfarbe zubereiten und backen.

7. Die Teigböden erkalten lassen, dann etwa 1 Stunde in den Kühlschrank stellen.

8. Die Teigböden auf dieselbe Weise in je 2 Ringe unterschiedlicher Größe und 1 Scheibe schneiden. Zuerst mit einer Schüssel einen Außenrand

---

Die Zutaten

Für den grünen Teig

Eier	2
Zucker	130 g
zerlassene Butter	130 g
Pistaziencreme	1 EL
Weizenmehl	130 g
Backpulver	½ Päckchen
grüne Lebensmittelfarbe	2 Tropfen

Für den rosa Teig

Eier	2
Zucker	130 g
zerlassene Butter	130 g
Weizenmehl	130 g
Backpulver	½ Päckchen
rote Lebensmittelfarbe	3 Tropfen

Für den hellen Teig

Eier	2
Zucker	130 g
zerlassene Butter	130 g
Weizenmehl	130 g
Backpulver	½ Päckchen

Für Glasur und Dekoration

Nuss-Nugat-Creme	1 Glas (ca. 400 g)
Schokoladenglasur (siehe S. 10)	
Mascarpone	160 g
Puderzucker	80 g
kalte Schlagsahne	200 g

markieren, dann mit einem Glas den Mittelring und die innere Scheibe markieren. Alles zurechtschneiden.

9. Zum Zusammensetzen der Torte den äußeren grünen Teigring auf eine Tortenplatte setzen. Den inneren Rand dünn mit Nuss-Nugat-Creme bestreichen. Den mittleren hellen Teigring hineinsetzen und die Innenseite ebenfalls mit Nuss-Nugat-Creme bestreichen. Die kleine rosa Teigscheibe hineinsetzen. Die Oberfläche dünn mit Nuss-Nugat-Creme bestreichen. Nun den äußeren rosa Teigring daraufsetzen. Den inneren Rand bestreichen, den mittleren grünen Teigring einsetzen, die Innenseite bestreichen und die kleine helle Teigscheibe in die Mitte setzen. Mit den restlichen Teigringen bzw. der -scheibe ebenso verfahren.

10. Die Schokoladenglasur wie auf Seite 10 beschrieben zubereiten und etwas abkühlen lassen.

11. Die Torte mit der Glasur bestreichen und fest werden lassen.

12. Für die Creme den Mascarpone in einer Schüssel glatt und cremig rühren. Den Puderzucker einarbeiten. Die Sahne steif schlagen. Den Mascarpone portionsweise mit einem Teigschaber unterziehen.

13. Die Creme in einen Spritzbeutel mit großer Sterntülle füllen und erst den Rand, dann die Oberfläche der Torte damit dekorativ verzieren.

Tipps

· Die drei Teigböden sollten in Höhe wie Breite möglichst gleich groß sein. Wenn sich die Oberfläche beim Backen gewölbt hat, sollte sie mit einem großen Messer begradigt werden.
· Wenn die Nuss-Nugat-Creme schwer zu verstreichen ist, kann sie vorher kurz in der Mikrowelle erhitzt werden, damit sie streichfähig wird.

MARMORKUCHEN

Für 8 Personen • Vorbereitung: 20 Min.
Garzeit: 40 Min. • Schwierigkeitsgrad: einfach • Kosten: günstig

Die Zutaten

Eier 4
Zucker ....150 g
zerlassene Butter......................180 g
Milch..100 ml
Weizenmehl ....300 g
Backpulver ....1 Päckchen
Vanillearoma.................................1 TL
Vanillezucker....................1 Päckchen
Kakaopulver................................ 3 EL

Tipp

Für einen schönen Überraschungseffekt beim Anschneiden kann der Kuchen mit der Schokoladenglasur von Seite 10 oder mit einem Zuckerguss überzogen werden. Dafür 100 Gramm Puderzucker mit einigen Tropfen Wasser glatt rühren.

Das Rezept

1. Den Backofen auf 180 °C (Ober- und Unterhitze) vorheizen. Eine Backform (26 cm Durchmesser) einfetten und mit Mehl ausstäuben.

2. Die Eier trennen. Eigelbe und Zucker in einer Schüssel hell und cremig schlagen. Nacheinander Butter, Milch, Mehl und Backpulver unterrühren.

3. Die Eiweiße steif schlagen und unter den Teig heben.

4. Den Teig zur Hälfte in eine zweite Schüssel füllen. Vanillearoma und -zucker in eine Portion rühren, das Kakaopulver in die andere.

5. Den Teig abwechselnd löffelweise in der Mitte der Form verstreichen. Für ein schönes Resultat gut gehäufte Löffel verwenden.

6. Im vorgeheizten Ofen 40 Minuten goldbraun backen. Zur Probe einen Holzspieß in die Teigmitte stechen; er sollte trocken wieder herauskommen.

7. Den Kuchen kurz abkühlen lassen, dann aus der Form lösen und auf einem Kuchengitter erkalten lassen.

REGENBOGEN-
MARMORKUCHEN

Für 8 Personen • Vorbereitung: 25 Min.
Garzeit: 40 Min. • Schwierigkeitsgrad: einfach • Kosten: günstig

Das Rezept

Die Zutaten

1. Den Backofen auf 180 °C (Ober- und Unterhitze) vorheizen. Eine Backform (26 cm Durchmesser) einfetten und mit Mehl ausstäuben.

2. Die Eier trennen. Eigelbe und Zucker in einer Schüssel hell und cremig schlagen. Nacheinander Butter, Milch, Mehl und Backpulver unterrühren. Die Eiweiße steif schlagen und unter den Teig heben.

3. Den Teig auf sechs Schalen aufteilen und jede Portion mit 1 Messerspitze Lebensmittelfarbe Rot, Orange (gelbe und rote Farbe), Gelb, Grün, Blau und Violett (rote und blaue Farbe) einfärben.

4. Den Teig abwechselnd löffelweise in der Mitte der Form verstreichen. (Für einen schönen Regenbogeneffekt die Reihenfolge der Farben – Violett, Blau, Grün, Gelb, Orange und Rot – einhalten und die Löffel gut füllen).

5. Den Teig im vorgeheizten Ofen 40 Minuten goldbraun backen. Zur Probe einen Holzspieß in die Teigmitte stechen; er sollte trocken wieder herauskommen.

Eier 4
Zucker ....150 g
zerlassene Butter ....180 g
Milch...100 ml
Weizenmehl ....300 g
Backpulver ....1 Päckchen
Lebensmittelfarben in Violett, Blau, Grün, Gelb, Orange und Rot (Violett und Orange können selbst gemischt werden, siehe S. 32)
Schokoladenglasur (siehe S. 10)

6. Den Kuchen kurz abkühlen lassen, dann aus der Form lösen und auf einem Kuchengitter erkalten lassen.

7. Die Schokoladenglasur wie auf Seite 10 beschrieben zubereiten und etwas abkühlen lassen. Den Kuchen damit bestreichen, um einen schönen Überraschungseffekt beim Anschneiden zu erzielen.

VALENTINSKUCHEN

Ergibt 12–15 Stücke • Vorbereitung: 35 Min. • Garzeit: 40 Min. + 30 Min.
Schwierigkeitsgrad: einfach • Kosten: günstig

Das Rezept

1. Den Backofen auf 180 °C (Ober- und Unter-hitze) vorheizen. Eine Kastenform einfetten und mit Mehl ausstäuben.

2. Den Teig für den Joghurtkuchen wie auf Seite 10 beschrieben zubereiten und mit einigen Tropfen roter Lebensmittelfarbe rosa einfärben.

3. Den Teig in die vorbereitete Form füllen und im vorgeheizten Ofen 40 Minuten backen. Zum Test einen Holzspieß in die Mitte stechen; er sollte trocken wieder herauskommen.

4. Den Kuchen kurz in der Form abkühlen lassen, dann auf ein Kuchengitter stürzen und erkalten lassen. Den rosa Kuchen in Scheiben schneiden und je ein Herz aus der Mitte ausstechen.

5. Für den Schokoladenteig Butter und klein gehackte Schokolade in einen Topf geben und bei niedriger Hitze schmelzen. Die Eier trennen. Eigelbe und Zucker in einer Schüssel verrühren. Erst die geschmolzene Schokolade, dann das Mehl unter-rühren. Die Eiweiße steif schlagen und unter die Schokoladenmasse heben.

6. Eine Kastenform einfetten und mit Mehl aus-stäuben. Die Kuchenherzen mit etwas Teig anein-anderkleben und in einer Reihe in die Kuchenform setzen. Wenn die Herzen nicht aufrecht stehen bleiben, erst ein wenig Schokoladenteig einfüllen, damit sie einen besseren Stand haben.

Die Zutaten

Für den rosa Teig

Joghurtkuchen siehe S. 10
einige Tropfen rote Lebensmittelfarbe

Für den Schokoladenteig

Butter ....120 g
Schokolade..200 g
Eier 3
Zucker ....120 g
Mehl ....100 g

Tipps

· Sie können den Joghurtkuchen für die Herzen schon am Vorabend zubereiten.
· Lassen Sie den Kuchen im Ofen nicht aus den Augen. Die Herzen können beim Backen nach oben steigen. Drücken Sie sie dann mit einem Teigschaber vorsichtig wieder nach unten.

7. Den Schokoladenteig in die Form füllen, sodass die Herzen vollständig bedeckt sind.

8. Im vorgeheizten Ofen 30 Minuten backen, bis der Kuchen schön aufgegangen ist. Etwa 15 Mi-nuten in der Form abkühlen lassen, dann auf ein Kuchengitter stürzen und erkalten lassen.

SCHATZTRUHE

Ergibt 12–15 Stücke • Vorbereitung: 50 Min. • Garzeit: 40 Min. • Kühlzeit: 1 Std.
Schwierigkeitsgrad: einfach • Kosten: günstig

Die Zutaten

Für den Joghurtkuchen

siehe Rezept S. 10
Schokoperlen
Schokoladentaler
Schokoladenglasur (siehe S. 10)
Marzipanrohmasse ....50 g

Variante

Für eine offene Schatztruhe den unteren Kuchenteil mit so viel Süßigkeiten füllen, dass der obere Teil nicht mehr bündig aufliegt. Mit einem Kuchenpinsel lässt sich die Glasur präzise auftragen.

Das Rezept

1. Einen Joghurtkuchen wie auf Seite 10 beschrieben zubereiten und vollständig erkalten lassen, damit er besser geschnitten werden kann. Zur Zeitersparnis den Kuchen 1 Stunde in den Kühlschrank stellen.

2. Den Kuchen auf ein Schneidebrett setzen. Mit einem großen Brotmesser den oberen Kuchenteil abschneiden. Mit einem kleineren Messer und einem Teelöffel den unteren Kuchenteil aushöhlen. Dabei allerdings einen relativ dicken Rand lassen, damit der Kuchen stabil bleibt.

3. Den unteren Kuchenteil mit Schokoperlen und Schokoladentaler füllen. Den oberen Kuchenteil als Deckel aufsetzen.

4. Die Schokoladenglasur wie auf Seite 10 beschrieben zubereiten und kurz abkühlen lassen. Den Kuchen damit bestreichen und mit einer Palette glätten. Aus der Marzipanrohmasse ein Schloss formen und an dem Kuchen anbringen.

KUCHEN MIT SCHOKOLINSEN-FÜLLUNG

Für 8 Personen • Vorbereitung: 50 Min. • Kühlzeit: 4 Std. • Garzeit: 40 Min. + 40 Min.
Schwierigkeitsgrad: mittel • Kosten: günstig

Die Zutaten

Für die beiden Joghurtkuchen

siehe Rezept S. 10
(Wenn zwei Backformen mit demselben
Durchmesser vorhanden sind, die Teigmenge
verdoppeln, auf die beiden Formen verteilen
und gleichzeitig backen. Andernfalls den Teig
zweimal zubereiten und hintereinander backen.)
Schokolinsen (z. B. M&Ms) ....500 g

Für die Schokoladencreme

Schokolade...200 g
Konditorsahne (35 % Fett) ....200 g
Butter ....20 g

Das Rezept

1. Für die Schokoladencreme die Schokolade
grob hacken. Mit der Sahne in einen Topf geben
und bei niedriger Hitze schmelzen. Die Butter
einarbeiten. Die Creme erkalten lassen, dann
4 Stunden im Kühlschrank fest werden lassen.

2. Den Backofen auf 180 °C (Ober- und Unterhitze) vorheizen.

3. Die beiden Joghurtkuchen wie auf Seite 10
beschrieben zubereiten und auf einem Kuchengitter erkalten lassen.

4. Die Schokoladencreme mit einem elektrischen
Handmixer hell und schaumig rühren.

5. Einen Teigboden auf ein Schneidebrett setzen.
Mit einem kleinen Messer und einem Teelöffel aushöhlen. Dabei einen relativ dicken Boden/Rand
lassen, damit der Kuchen stabil bleibt. Den zweiten
Teigboden auf dieselbe Weise aushöhlen. Den
ersten Teigboden mit den Schokolinsen füllen. Den
oberen Rand mit etwas Creme bestreichen. Den
zweiten Teigboden umgekehrt daraufsetzen. Dann
die ganze Torte mit der restlichen Creme
überziehen.

STERNENKUCHEN

Ergibt 12–15 Stücke • Vorbereitung: 35 Min. • Garzeit: 40 Min. + 30 Min. • Schwierigkeitsgrad: einfach • Kosten: günstig

Die Zutaten

Für den hellen Teig

Joghurtkuchen siehe Rezept S. 10

Für den Schokoladenteig

Butter ....120 g
Schokolade...200 g
Eier 3
Zucker ....120 g
Weizenmehl ....100 g

Tipps

· Sie können den Joghurtkuchen für die Sterne schon am Vorabend zubereiten.
· Lassen Sie den Kuchen im Ofen nicht aus den Augen. Die Sterne können beim Backen nach oben steigen. Drücken Sie sie dann mit einem Teigschaber vorsichtig wieder nach unten.

Das Rezept

1. Den Backofen auf 180 °C (Ober- und Unterhitze) vorheizen. Eine Kastenform einfetten und mit Mehl ausstäuben.

2. Den Joghurtkuchen wie auf Seite 10 beschrieben zubereiten und backen.

3. Den Kuchen kurz in der Form abkühlen lassen, dann auf ein Kuchengitter stürzen und erkalten lassen. Den Joghurtkuchen in Scheiben schneiden und je einen Stern aus der Mitte ausstechen.

4. Für den Schokoladenteig Butter und klein gehackte Schokolade in einen Topf geben und bei niedriger Hitze schmelzen. Die Eier trennen. Eigelbe und Zucker in einer Schüssel verrühren. Erst die geschmolzene Schokolade, dann das Mehl unterrühren. Die Eiweiße steif schlagen und unter die Schokoladenmasse heben.

5. Eine Kastenform einfetten und mit Mehl ausstäuben. Die Kuchensterne mit etwas Teig aneinanderkleben und in einer Reihe in die Kuchenform setzen. Wenn die Sterne nicht aufrecht stehen bleiben, erst ein wenig Schokoladenteig einfüllen, damit sie einen besseren Stand haben.

6. Den Schokoladenteig in die Form füllen, sodass die Sterne vollständig bedeckt sind.

7. Im vorgeheizten Ofen 30 Minuten backen, bis der Kuchen schön aufgegangen ist. Etwa 15 Minuten in der Form abkühlen lassen, dann auf ein Kuchengitter stürzen und erkalten lassen.

MURMELKUCHEN

Für 8 Personen • Vorbereitung: 35 Min. • Garzeit: 15 Min. + 30 Min.
Schwierigkeitsgrad: einfach • Kosten: günstig

Die Zutaten

Für den hellen und bunten Teig
Joghurtkuchen siehe Rezept S. 10
rote, gelbe und grüne Lebensmittelfarbe

Tipps

· Für dieses Rezept ist eine Cake-Pop-Form erforderlich.
· Lassen Sie den Kuchen im Ofen nicht aus den Augen. Die Kugeln können beim Backen nach oben steigen. Drücken Sie sie dann mit einem Teigschaber vorsichtig wieder nach unten.

Das Rezept

1. Den Backofen auf 180 °C (Ober- und Unterhitze) erhitzen.

2. Die doppelte Menge Teig für Joghurtkuchen zubereiten.

3. Ein gutes Viertel des Teiges auf drei Schalen verteilen und jeweils mit roter, gelber und grüner Lebensmittelfarbe einfärben.

4. Die farbigen Teigportionen in Cake-Pop-Formen füllen.

5. Je nach Größe der Cake-Pops 12–15 Minuten im vorgeheizten Ofen backen. Erkalten lassen.

6. Eine Backform (26 cm Durchmesser) einfetten und mit Mehl ausstäuben. Die Cake-Pops darin verteilen. Den ungefärbten Teig einfüllen.

7. Im vorgeheizten Ofen 30–35 Minuten goldbraun backen.

CRÊPES-SCHICHTTORTE

Für 6 Personen • Vorbereitung: 35 Min. • Quellzeit: 1 Std. • Kühlzeit: 3 Std.
Garzeit: 20 Min. • Schwierigkeitsgrad: einfach • Kosten: günstig

Das Rezept

Die Zutaten

1. Für das Mus die Äpfel schälen, entkernen und in Stücke schneiden.

2. Die Äpfel mit dem Wasser in einen Topf geben. Die Vanilleschote aufschlitzen, das Mark herauskratzen und mit dem Zucker zu den Äpfeln geben. Bei aufgesetztem Deckel 25 Minuten bei niedriger Hitze unter gelegentlichem Rühren dünsten.

3. Die Äpfel mit dem Stabmixer glatt pürieren und das Mus erkalten lassen.

4. Für den Teig Eier, Mehl und etwas Milch verquirlen. Nach und nach die restliche Milch einarbeiten, bis ein glatter, klümpchenfreier Teig entstanden ist. Zucker und Rum unterrühren. Den Teig 1 Stunde bei Raumtemperatur quellen lassen.

5. Eine Pfanne dünn einfetten und stark erhitzen. Eine Kelle Teig hineingießen und durch Schwenken gleichmäßig verteilen. Dann 2 Minuten backen, wenden und weiterbacken, bis die Crêpe goldgelb ist. Auf einen Teller heben. Auf diese Weise weitere Crêpes backen, bis der Teig aufgebraucht ist.

6. Den Rand der Crêpes geradeschneiden, zum Beispiel mithilfe eines Tellers oder einer Schüssel, die als Schablone daraufgelegt wird.

7. Auf einer Tortenplatte drei Crêpes mit je einem Esslöffel Apfelmus dazwischen aufeinandersetzen. Auf der dritten Crêpe einen Esslöffel Maronencreme verstreichen. Dann weiter zwei Crêpes mit Apfelmus dazwischen und eine mit Maronencreme aufeinandersetzen, bis die Zutaten aufgebraucht sind.

Für das Apfelmus

Äpfel (Pink Lady oder Gala)	5
Wasser	50 ml
Vanilleschote	1
Zucker	50 g

Für den Crêpeteig

Eier	3
Weizenmehl	250 g
Milch	500 ml
Zucker	20 g
brauner Rum	2 EL

Für Füllung und Glasur

Maronencreme	5 EL
Schokolade	150 g
Schlagsahne	150 g
Butter	15 g

8. Die Torte 2 Stunden im Kühlschrank ruhen und setzen lassen.

9. Inzwischen die Schokoladenglasur wie auf Seite 10 beschrieben zubereiten. Die Torte mithilfe einer Palette damit überziehen.

10. Vor dem Servieren 1 Stunde im Kühlschrank ruhen lassen.

SCHWARZ-WEISS-KUCHEN

Ergibt 12–15 Stücke • Vorbereitung: 40 Min. • Garzeit: 12 Min. + 40 Min. • Schwierigkeitsgrad: einfach • Kosten: günstig

Die Zutaten

Für den Schokoladenbiskuit

Eier 3
Zucker ....100 g
Weizenmehl ....80 g
Kakaopulver .... 25 g

Für den hellen Teig

Joghurtkuchen siehe Rezept S. 10

Für die Garnierung

Zuckerguss (siehe Tipp S. 44) oder
Schokoladenglasur (siehe S. 10)

Tipp

Wenn die Schokoladenstreifen beim Backen nach oben
steigen, drücken Sie sie vorsichtig mit einem
Teigschaber wieder nach unten.

Das Rezept

1. Den Backofen auf 180 °C (Ober- und Unterhitze) vorheizen. Ein kleines Backblech mit Backpapier auslegen.

2. Für den Schokoladenbiskuit Eier und Zucker in einer Schüssel verrühren, bis sich das Volumen verdreifacht hat. Mehl und Kakao sieben und mit einem Teigschaber vorsichtig unter die Eiermasse heben.

3. Die Masse auf das vorbereitete Blech geben und im vorgeheizten Ofen 12 Minuten backen. Auf dem Blech erkalten lassen.

4. Den Biskuitboden in vier lange Streifen schneiden.

5. Eine Kastenform einfetten und mit Mehl ausstäuben. Den Teig für den Joghurtkuchen wie auf Seite 10 beschrieben zubereiten.

6. Etwas Teig in die vorbereitete Form füllen. Zwei Schokobiskuitstreifen der Länge nach darauflegen. Mit etwas Teig bedecken und die beiden anderen Streifen darauflegen. Mit dem restlichen Teig bedecken.

7. Im vorgeheizten Ofen 40 Minuten backen, bis der Kuchen schön aufgegangen und goldbraun ist. Zur Probe einen Holzspieß in die Mitte stechen; er sollte trocken wieder herauskommen.

8. Den Kuchen kurz abkühlen lassen, dann auf ein Kuchengitter stürzen und mit Zuckerguss oder Schokoladenglasur überziehen.

GLÜCKSKUCHEN

Ergibt 12–15 Stücke • Vorbereitung: 35 Min. • Garzeit: 40 Min. + 40 Min. • Kühlzeit: 30 Min.
Schwierigkeitsgrad: einfach • Kosten: günstig

Das Rezept

1. Den Backofen auf 180 °C (Ober- und Unterhitze) vorheizen. Eine Kastenform einfetten und mit Mehl ausstäuben.

2. Für die Kleeblätter den Joghurtkuchen wie auf Seite 10 beschrieben zubereiten. Dabei zusammen mit dem Joghurt die Pistaziencreme unterrühren. Wenn der Eischnee untergehoben ist, den Teig mit einigen Tropfen Lebensmittelfarbe grün einfärben.

3. Den Teig in die vorbereitete Form füllen und 40 Minuten im vorgeheizten Ofen backen. Zur Probe einen Holzspieß in die Mitte stechen; er sollte trocken wieder herauskommen.

4. Den Kuchen kurz in der Form abkühlen lassen, dann auf ein Kuchengitter stürzen, erkalten lassen und 30 Minuten im Kühlschrank kühlen. In Scheiben schneiden und je ein Kleeblatt aus der Mitte ausstechen.

5. Eine Kastenform einfetten und mit Mehl ausstäuben.

6. Einen zweiten, ungefärbten Teig für Joghurtkuchen wie auf Seite 10 beschrieben zubereiten.

7. Die Kuchenkleeblätter mit etwas Teig aneinanderkleben und in einer Reihe in die Kuchenform setzen. Wenn sie nicht von alleine stehen bleiben, erst etwas Teig in die Form geben und dann die Kleeblätter hineinsetzen.

Die Zutaten

Für den grünen Teig

Joghurtkuchen siehe Rezept S. 10
einige Tropfen grüne Lebensmittelfarbe
1 EL Pistaziencreme

Für den hellen Teig

Joghurtkuchen siehe Rezept S. 10

Tipp

Lassen Sie den Kuchen im Ofen nicht aus den Augen. Die Kleeblätter können beim Backen nach oben steigen. Drücken Sie sie dann mit einem Teigschaber vorsichtig wieder nach unten.

8. Den hellen Teig in die Form füllen, sodass die Kleeblätter vollständig bedeckt sind.

9. Im vorgeheizten Ofen 35–40 Minuten backen, bis der Kuchen schön aufgegangen und goldbraun ist.

10. Den Kuchen kurz in der Form abkühlen lassen, dann auf ein Kuchengitter stürzen und erkalten lassen.

KONFETTITORTE

Für 8 Personen • Vorbereitung: 30 Min. • Garzeit: 45 Min. • Schwierigkeitsgrad: einfach • Kosten: günstig

Die Zutaten

Für den Teig

weiche Butter	150 g
Zucker	100 g
Eier	3
Weizenmehl	180 g
Backpulver	½ Päckchen
Milch	50 ml
Vanillearoma	1 TL
Liebesperlen	100 g

Für die Creme

Mascarpone	350 g
Puderzucker	120 g
kalte Schlagsahne	450 g
Liebesperlen oder bunte Zuckerstreusel	50 g

Das Rezept

1. Den Backofen auf 170 °C (Ober- und Unterhitze) vorheizen. Eine Backform (24 cm Durchmesser) einfetten und mit Mehl ausstäuben.

2. Butter und Zucker in einer Schüssel hell und schaumig rühren. Die Eier einzeln sorgfältig einarbeiten. Mehl und Backpulver unterrühren. Milch und Vanillearoma zugeben und rühren, bis ein glatter Teig entstanden ist. Die Liebesperlen rasch unterheben.

3. Den Teig in die vorbereitete Form füllen und im vorgeheizten Ofen 45 Minuten backen. Zur Probe einen Holzspieß in die Mitte stechen; er sollte trocken wieder herauskommen. Den Kuchen einige Minuten in der Form abkühlen lassen, dann auf ein Kuchengitter stürzen und erkalten lassen.

4. Für die Creme den Mascarpone in einer Schüssel mit einem Teigschaber glatt und cremig rühren. Den Puderzucker einarbeiten. Die Sahne steif schlagen und portionsweise unter den Mascarpone ziehen.

5. Einen Spritzbeutel mit Lochtülle mit der Creme füllen und den Kuchen damit verzieren. Im Kühlschrank fest werden lassen. Vor dem Servieren mit Liebesperlen garnieren.

ÜBERRASCHUNGSTORTE MIT HERZ

Für 8 Personen • Vorbereitung: 35 Min. • Garzeit: 40 Min. + 40 Min.
Kühlzeit: 30 Min. • Schwierigkeitsgrad: einfach • Kosten: günstig

Das Rezept

1. Den Backofen auf 180 °C (Ober- und Unterhitze) vorheizen. Eine Kastenform einfetten und mit Mehl ausstäuben.

2. Für die Herzen den Teig für Joghurtkuchen wie auf Seite 10 beschrieben zubereiten.

3. Den Teig in die vorbereitete Form füllen und 40 Minuten im vorgeheizten Ofen backen. Zur Probe einen Holzspieß in die Mitte stechen; er sollte trocken wieder herauskommen.

4. Den Kuchen in der Form abkühlen lassen, dann auf ein Kuchengitter stürzen, erkalten lassen und 30 Minuten im Kühlschrank kühlen. In Scheiben schneiden und je ein Herz aus der Mitte ausstechen.

5. Für den Schokoladenteig Butter und grob gehackte Schokolade in einen Topf geben und bei niedriger Hitze schmelzen. Die Eier trennen. Eigelbe und Zucker in einer Schüssel schaumig rühren. Die flüssige Schokolade in einem dünnen Strahl unter Rühren zugießen. Dann das Mehl einarbeiten.

6. Die Eiweiße steif schlagen und unter die Schokoladenmasse heben.

7. Eine Backform (24–26 cm Durchmesser) einfetten und mit Mehl ausstäuben.

8. Etwas Schokoladenteig in die Form füllen. Die Herzen ringförmig dicht an dicht in den Teig setzen. Den restlichen Schokoladenteig darübergießen, sodass die Herzen vollständig bedeckt sind.

Die Zutaten

Für den hellen Teig

Joghurtkuchen siehe Rezept S. 10

Für den Schokoladenteig

Butter ....120 g
Schokolade.................................200 g
Eier 3
Zucker ....120 g
Weizenmehl ....100 g
Für Glasur und Garnierung:
Schokoladenglasur (siehe S. 10) und
Dekorstreusel aus Schokolade

Tipp

Lassen Sie den Kuchen im Ofen nicht aus den Augen. Die Herzen können beim Backen nach oben steigen. Drücken Sie sie dann mit einem Teigschaber vorsichtig wieder nach unten.

9. Im heißen Ofen 35–40 Minuten backen, bis der Kuchen schön aufgegangen und goldbraun ist. Etwa 15 Minuten in der Form abkühlen lassen, dann auf ein Kuchengitter stürzen und erkalten lassen.

10. Die Schokoladenglasur wie auf Seite 10 beschrieben zubereiten. Zimmerwarm abkühlen lassen, dann den Kuchen damit bestreichen. Mit Schokoladendekor garnieren.

KUCHEN
MIT REGENBOGENHERZEN

Ergibt 12–15 Stücke • Vorbereitung: 35 Min. • Garzeit: 40 Min. + 40 Min. • Kühlzeit: 30 Min.
Schwierigkeitsgrad: einfach • Kosten: günstig

Das Rezept

1. Den Backofen auf 180 °C (Ober- und Unterhitze) vorheizen. Eine Kastenform einfetten und mit Mehl ausstäuben.

2. Für den Kuchen die Eier trennen. Eigelbe und Zucker schaumig rühren. Joghurt, Öl und Milch unterrühren. Mehl und Backpulver einarbeiten, bis ein glatter Teig entstanden ist.

3. Die Eiweiße mit dem Salz steif schlagen und unter den Teig heben.

4. Den Teig zu gleichen Teilen in fünf Schalen füllen. Mit je 1 Messerspitze Lebensmittelfarbe jeweils Blau, Grün, Gelb, Orange und Rot einfärben.

5. Den Teig in löffelgroßen Portionen abwechselnd in die Kastenform geben, bis alle Teigportionen aufgebraucht sind. Dabei die Reihenfolge blau, grün, gelb, orange und rot einhalten.

6. Im vorgeheizten Backofen 40 Minuten backen. Den Kuchen kurz abkühlen lassen, auf ein Kuchengitter stürzen und erkalten lassen. Dann 30 Minuten im Kühlschrank kühlen. In Scheiben schneiden und Herzen aus der Mitte ausstechen.

7. Eine Kastenform einfetten und mit Mehl ausstäuben. Den Teig für den Joghurtkuchen wie auf Seite 10 beschrieben zubereiten.

8. Die Kuchenherzen mit etwas Teig aneinanderkleben und in einer Reihe in die Kuchenform setzen. Wenn die Herzen nicht stehen bleiben, erst

Die Zutaten

Für den bunten Teig

Joghurt (Becher à 150 g; Becher dient als Messbecher)	1
Eier	3
Zucker	2 Becher
neutrales Öl	½ Becher
Milch	2 EL
Weizenmehl	3 Becher
Backpulver	½ Päckchen
Salz	1 Prise

Lebensmittelfarben in Blau, Grün, Gelb, Orange und Rot (Orange kann selbst gemischt werden, siehe S. 32)

Für den hellen Teig

Joghurtkuchen siehe Rezept S. 10

etwas hellen Teig in die Form füllen und die Herzen dann hineinsetzen. Den hellen Teig in die Form füllen, sodass die Herzen vollständig bedeckt sind.

9. Im vorgeheizten Ofen 35–40 Minuten backen, bis der Kuchen schön aufgegangen und goldbraun ist. Kurz in der Form abkühlen lassen, dann auf ein Kuchengitter stürzen und erkalten lassen.

EISBOMBE

MIT FLÜSSIGEM KARAMELLKERN

Ergibt 12–15 Stücke • Vorbereitung: 40 Min. • Kühlzeit: 8 Std. • Gefrierzeit: 6 Std.
Schwierigkeitsgrad: mittel • Kosten: günstig

Das Rezept

1. Für die Eiscreme die Vanilleschote aufschlitzen und das Mark herauskratzen. Die Milch mit Vanilleschote und -mark in einem Topf bei niedriger Hitze zum Kochen bringen. Die Vanilleschote entfernen. Die Eigelbe mit dem Zucker hell und schaumig schlagen. Die heiße Milch unter ständigem Rühren in die Eigelbmasse gießen. Die Mischung zurück in den Topf füllen und bei niedriger Hitze rühren, bis sie leicht eindickt und einen Löffelrücken überzieht. Nicht zu heiß werden lassen!

2. Die Creme erkalten lassen und dann für mehrere Stunden in den Kühlschrank stellen (die Creme sollte gut gekühlt sein, damit die Masse in der Eismaschine anzieht).

3. Die Sahne steif schlagen und unter die Creme heben. In die Eismaschine füllen und zu Eiscreme verarbeiten.

4. Zwei Drittel der Eiscreme in eine Kastenform füllen. Eine leere Rolle Küchenpapier mit Alufolie umwickeln und in die Eismasse drücken. Das Eis 2 Stunden in den Tiefkühler stellen.

5. Die Küchenrolle entfernen und die Karamellsauce in die entstandene Rinne füllen. Mit der restlichen Eiscreme bedecken (diese vorher aus dem Gefrierfach nehmen und antauen lassen, damit sie streichfähig ist).

Die Zutaten

Für die Eiscreme

Vanilleschote 1
Vollmilch ....400 ml
Eigelb...4
Zucker ....30 g
Schlagsahne ....200 g

Für den Karamell

Salzkaramellsauce (siehe S. 12)................150 g

Für die Garnierung

gehackter Mandelkrokant

Tipp

Um das Eis besser in schöne Scheiben schneiden zu können, sollte es etwa 15 Minuten vor dem Servieren aus dem Gefrierfach genommen werden.

6. Die untere Hälfte der Kastenform in heißes Wasser tauchen, damit sich das Eis leichter aus der Form löst. Das Eis auf eine Kuchenplatte stürzen. Das Eis mit Krokant bedecken und bis zum Servieren wieder ins Gefrierfach geben.

REGENBOGEN-BISKUITROLLE

Für 6–8 Personen • Vorbereitung: 40 Min. • Kühlzeit: 2 Std. • Garzeit: 12 Min.
Schwierigkeitsgrad: einfach • Kosten: günstig

Das Rezept

1. Den Backofen auf 180 °C (Ober- und Unterhitze) vorheizen. Ein Backblech mit Backpapier auslegen.

2. Für den Biskuit Eier und Zucker mit einem elektrischen Handmixer rühren, bis das Volumen sich verdreifacht hat. Das Mehl darübersieben und mit einem Teigschaber unterheben.

3. Die Masse zu gleichen Teilen in sechs Schalen füllen und mit je einer Lebensmittelfarbe einfärben.

4. Jede farbige Biskuitmasse in einen separaten Spritzbeutel füllen (oder in einen Gefrierbeutel, von dem eine Ecke abgeschnitten wird). Die Masse abwechselnd in Streifen auf das vorbereitete Backblech spritzen. Dabei die Reihenfolge der Farben Violett, Blau, Grün, Gelb, Orange und Rot einhalten.

5. Im vorgeheizten Backofen 12 Minuten backen. Die Teigplatte auf dem Blech erkalten lassen. Mit etwas Zucker bestreuen und auf einen zweiten Bogen Backpapier stürzen. Das obere Backpapier vorsichtig abziehen.

6. Für die Ganache die Schokolade in Stücke brechen und in eine hitzebeständige Schüssel geben. Die Sahne in einem Topf aufkochen und über die Schokolade gießen. Kurz warten, dann kräftig rühren, bis eine glatte Schokoladencreme entstanden ist. Die Mandeln unterziehen.

Die Zutaten

Für den Biskuit

Eier	4
Zucker	100 g
Weizenmehl	100 g

Lebensmittelfarben in Violett, Blau, Grün, Gelb, Orange und Rot (Violett und Orange können selbst gemischt werden, siehe S. 32)

Für die Himbeer-Schokoladen-Ganache

Schokolade	200 g
Schlagsahne	100 g
gemahlene Mandeln	25 g
Himbeeren (frisch oder gefroren)	100 g

7. Die Ganache auf der Teigplatte verstreichen und die Himbeeren darauf verteilen. Die Teigplatte mithilfe des Backpapiers fest aufrollen. Fest in Frischhaltefolie gewickelt 2 Stunden im Kühlschrank ruhen lassen.

8. Die Frischhaltefolie entfernen. Die Enden der Biskuitrolle begradigen. Dann die Rolle auf eine Kuchenplatte heben und bis zum Servieren im Kühlschrank aufbewahren.

einfach, lecker besonderen Etwas

9,99 € [D] | ISBN 978-3-572-08215-5

Diese geniale Art des Nudelkochens begeistert! Alle Zutaten kommen in einen Topf und garen mit etwas Wasser zu einem köstlichen Gericht. Denn die Nudeln garen nicht wie sonst nur in Salzwasser, nein, bei dieser Methode nehmen sie die Aromen aller Zutaten auf und werden herrlich würzig.

9,99 € [D] | ISBN 978-3-572-08216-2

Wasser mit echtem Geschmack, bunt wie eine Sommerwiese und voller Vitamine, Vitalstoffe und Anti-oxidantien. Das hilft dem Kreislauf, kurbelt den Stoffwechsel an und lässt die Haut besser aussehen.

MEHR VOM LEBEN

einfach, lecker
besonderen Etwas

9,99 € [D] | ISBN 978-3-572-08215-5

Diese geniale Art des Nudelkochens begeistert! Alle Zutaten kommen in einen Topf und garen mit etwas Wasser zu einem köstlichen Gericht. Denn die Nudeln garen nicht wie sonst nur in Salzwasser, nein, bei dieser Methode nehmen sie die Aromen aller Zutaten auf und werden herrlich würzig.

9,99 € [D] | ISBN 978-3-572-08216-2

Wasser mit echtem Geschmack, bunt wie eine Sommerwiese und voller Vitamine, Vitalstoffe und Antioxidantien. Das hilft dem Kreislauf, kurbelt den Stoffwechsel an und lässt die Haut besser aussehen.

ISBN 978-3-517-09612-4
1. Auflage

© der deutschsprachigen Ausgabe 2017 by Südwest Verlag, einem Unternehmen der
Verlagsgruppe Random House GmbH, Neumarkter Straße 28, 81673 München

© der Originalausgabe „Gâteaux surprise": Hachette-Livre (Hachette Pratique) 2015; text by Éva Harlé,
photos by Stéphane Bahic

Die Ratschläge/Informationen in diesem Buch sind vom Autor und Verlag sorgfältig geprüft, dennoch kann
eine Garantie nicht übernommen werden. Eine Haftung des Autors bzw. des Verlags und seiner Beauftragten
für Personen-, Sach- und Vermögensschäden ist ausgeschlossen.

Sollte diese Publikation Links auf Webseiten Dritter enthalten, so übernehmen wir für deren Inhalte keine
Haftung, da wir uns diese nicht zu eigen machen, sondern lediglich auf deren Stand zum Zeitpunkt der
Erstveröffentlichung verweisen.

Projektleitung: Eva Wagner
Übersetzung: Lisa Heilig, Köln
Fotos: Stéphane Bahic
Foodstyling: Jésiel Maxan
Gesamtproducing: trans texas publishing, Köln
Coverdesign für die deutschsprachige Ausgabe: OH, JA!, München

Druck und Verarbeitung: DZS Grafik, Ljubljana

Printed in Slovenia

MIX
Papier aus verantwor-
tungsvollen Quellen
FSC® C112556
FSC
www.fsc.org

Verlagsgruppe Random House FSC® N001967

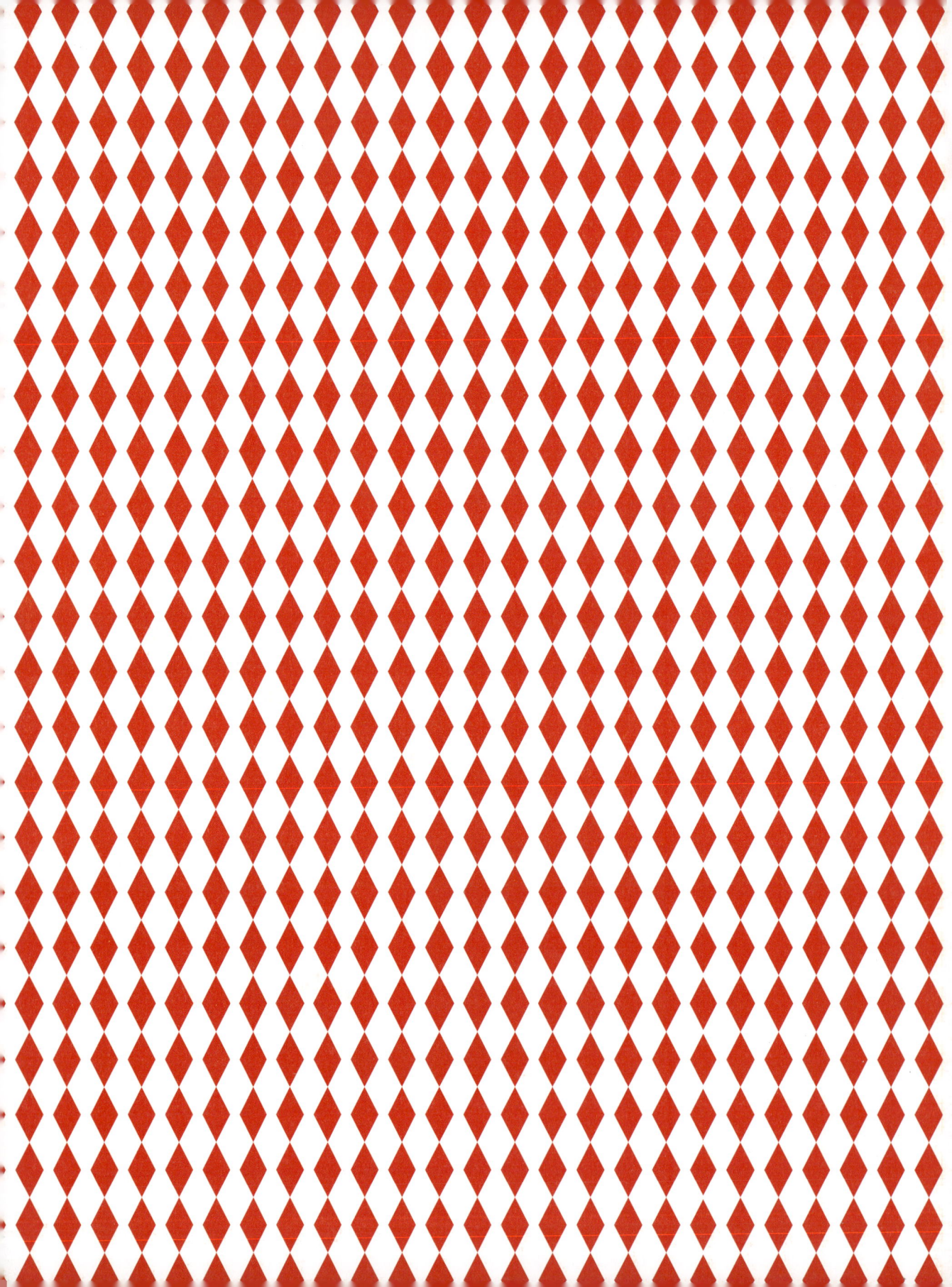